JN262519

やっぱ岐阜弁やて！

ごぶれいします

B紙をガバリではりゃー

先生がおんさったー

まわししゃーエカッ

やってござる

松尾 一

まつお出版

しゃちやく

初デート
これも
これも
はい!あーん。
くるしいけど
おいしい
3日後
これ着てちょー
手あみやでね
えーっ
ありがとう。
趣味が
ちがうけど

1週間後
松尾くんにぴったりやと思ってさ。はい!
30,000
50,000
……
3
そして…
付き合うのやめるって、何でやの……?
しゃちやきすぎ!!
4

《しゃちやく》世話を焼く。

だだくさ

《だだくさ》乱雑、しまりがない。

たわけ

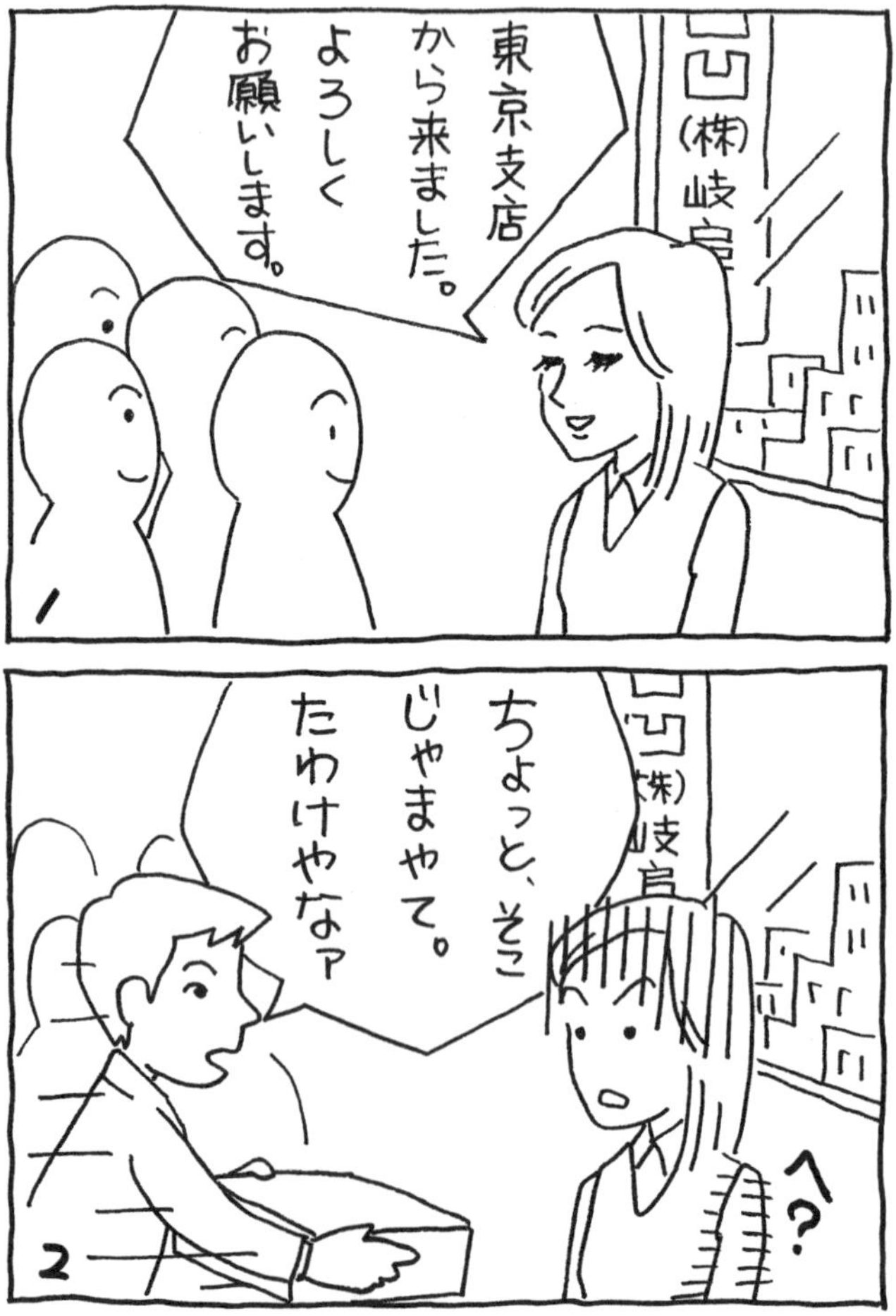
東京支店から来ました。よろしくお願いします。
(株)岐
1
ちょっと、そこじゃまやて。たわけやなァ
(株)岐
へ?
2

数日後
私、今日で辞めます！
辞表
なんでぇ!?
だってたわけたわけって。すごく屈辱的！

《たわけ》ばか、あほ。知らない人が聞くと強く感じてしまうことも。

やらしい

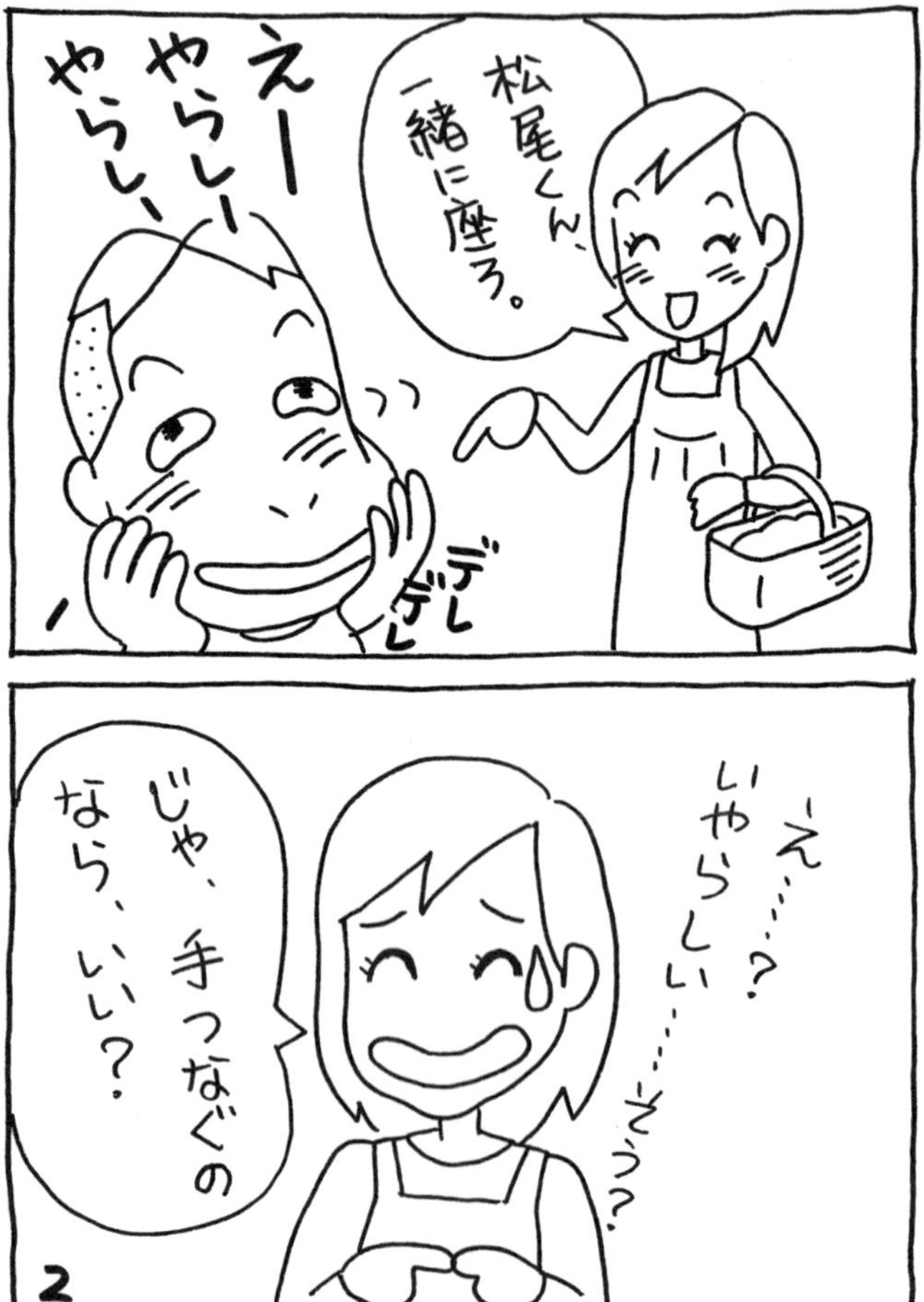
松尾くん、一緒に座ろ。
えーやらしーやらしー、
デレデレ
え…？いやらしい…そう？？
じゃ、手つなぐのなら、いい？

うれしいけど はずかしい
え゛ーっ
やらしーん
やらしーん
3
やらしー
やらしー
岐阜の男って よく わからん
4

《やらしい》はずかしい。遠慮深さが表れている。

目次

◆見出し語などの表記については、できるだけ発音に近づくため、棒引きの表記を適宜使用しました。
◆イラストは、一部「やっぱ岐阜は名古屋の植民地!?」から転載しました。

岐阜弁に、こだわってみる

おんさる

岐阜弁の伝道師は
ラジオのパーソナリティ、そして…。

岐阜の民放AMラジオからは、毎日のように「そうやて（そうですよ）」などと岐阜弁が盛んに聞こえてくる。

県外から帰ってきた岐阜人は、この番組を聞いて、やっと岐阜に帰ってきたと感じるのだそうだ。このように地元の民放AMラジオ局のパーソナリティたちが、盛んに岐阜弁の伝道師のように岐阜弁を使用しているのである。

それはさておき、岐阜まで届いている名古屋の民放AMラジオ局も盛んに「そうだぎゃー（そうですよ）」「～だで（～ですよ）」と、さわがしく名古屋弁でしゃべっている。まさか、岐阜まで名古屋弁を席巻？　それは冗談だが、よく考えてみると、全国各地の民放AMラジオ局では、方言も貴重な文化的財産と認識して、パーソナリティたちが方言を使用しているかもしれない。

方言はNHKラジオと、各テレビ局では関西系タレントを除くと、あまり聞くことはできない。たとえ聞くことができてもラジオほど強烈ではない。不思議だ。

そうそう、地方公務員と学校の先生を忘れてはいけない。この方たちは、地元採用が多いので、ごく自然に職場で岐阜弁を使用しているのである。

特に先生方は、「黒板消し（黒板ふき）で黒板ふいたら、B紙（模造紙）を黒板に張りゃー（張ってください）、がばり（画鋲）は使わへんでいいで、えかッ（いいですか？）」などと、無意識に岐阜弁で子どもたちに教えておられるのである。

パーソナリティは番組の特色づくりの一環だとしても、地方公務員や学校の先生は知らず知らず、岐阜弁の伝道師になっていると思うのである。

しかし、大都会では各地方出身の公務員や先生方も多く、出身地の方言は使用しなく、その大都会の言葉を使用するようなので、方言の伝道師のような役目は、地方だけの現象なのであろうか。

岐阜弁があって名古屋弁がある⁉

富山県、岐阜県、愛知県あたりが、日本の方言の東西の境界線であり、色々な特徴が見られ、方言研究者が興味を持っている地域となっている。岐阜県はアクセントが東京系で、語彙や文法は西日本系だといわれており、例えば、関西系の「おおきに」も使用されている。

いずれにしても、岐阜弁は日本の東西から影響を受けて成立していったのであろう。

さて、そんな方言の成立のひとつとして、都から同心円的に地方都市へ、さらに各集落へ伝播していき、その地域の方言になったという考えがある。

大胆に仮説的に考えるならば、例えば、中世のころでは京都で流行った言葉が、まず当時、美濃はもとより尾張・伊勢の守護職である土岐氏の居館があった革手（現・岐阜市川手）に伝播していき、そのころは美濃弁というべき岐阜弁として成立し、さらには尾張方面の各集落へと伝播していったとも考えられるのである。

ちなみに当時の革手は、京都を除くと山口、鎌倉とともに日本三大都市？　と言ってもいいほど繁栄しており都からの多くの文人・貴族も訪れていた所である。だから、岐阜弁があって名古屋弁があるのだと思うのだが。

しかし、江戸時代初期、尾張藩が成立して名古屋に城下町が誕生し、名古屋が中部地方でトップの人口になると、名古屋弁を使う人々が多くなった。そのため名古屋人が「岐阜弁って名古屋弁に似ている」というようになったのである。

かなり前、名古屋のＮＨＫテレビに出演し、三〇分ほど岐阜弁を紹介しながら、岐阜弁があって名古屋弁があると説明したことがあったが、郷土愛がある岐阜人から「よう、言ってくれた」とエールを送られたことがあった。

岐阜弁と名古屋弁の聞き分け方

岐阜弁が名古屋弁に似ているのか、名古屋弁が岐阜弁に似ているのかはさておき、たしかに「まわし（準備）」「ひきづり（すき焼き）」「やめる（痛む）」など岐阜弁、名古屋弁共通の方言も多いのである。

そんな岐阜弁と名古屋弁の違いの見分け方、いや聞き分け方は、例をあげると語尾が違うのである。

岐阜弁は「そーやて（そうですよ）」「あらへん（無いですよ）」「やりゃー（やってください）」「まわししやー（準備してください）」と、「〜て」「〜へん」「〜りゃー」「〜しやー」という語尾が特徴で、名古屋弁は「そうだぎゃー」「そうだで」「あらせん」と「〜だぎゃー」「〜だで」「〜せん」という語尾が特徴である。

喫茶店なんかで、よーく聞き耳立てると、すぐ違いが判断できる。

岐阜人は、よそに行くと岐阜弁を棄てる⁉

なぜか岐阜人は、よそに住むとその土地に早く溶け込もうという意識なのか、それとも方言は恥ずかしいと思っているのか分からないが、素晴らしい岐阜弁を棄てて素早く、その土地の方言を身に付けるのである。

特に東京に行けば東京弁を、関西に行けば関西弁をである。まあ、それは全国的な傾向でもあろうが。

関西に進学した学生が、夏休みになって岐阜に帰省すると、すっかり関西弁でしゃべっているケースを度々みている。たった四カ月あまりしかたっていないのにだ。勉強よりも、まず方言を学んでしまうようだ。

また毎日、岐阜の各地から名古屋方面に通勤・通学している人々も、なぜか「そうだぎゃー」「あらせん」と、まるで伝染してしまったように名古屋弁を使っている場合が多い。これは名古屋弁が岐阜弁に似ているから、仕方がないかもしれないのだが。

一方、名古屋人は、岐阜に移り住んで何年たっても、名古屋弁を使用している場合がよくみられる。岐阜人に嫁いで岐阜人となってもそうである。名古屋人としての誇りかなにかがあるかもしれない。

それより顕著なのは関西人で、関西人は岐阜に土着しても、なかなか岐阜弁に染まらなく関西弁なのである。岐阜在住の東京人も同様である。このことを他県の人に聞いたら同じような感想を寄せてくれた。

東京人も関西人も、方言に誇りを持っているものだと感じてしまうが、いずれにしてもバイリンガルのほうがいいと思うのである。

そうそう、学生時代なのか働いていたのかはともかく、若い時に東京に住んでいた岐阜人の中には、時折、東京弁を使っている場合がみられる。気取って使っているのか自然に言うのかは分からないが、場面によっては座が白ける場合もみられる。不思議である。

えッ、若い人は岐阜弁を使わない⁉

年配や高齢になるほど岐阜弁を使用しており、高校生や大学生、あるいは二〇代の若い人は、あまり岐阜弁を使わなくなっているようだ。

まあ、確かにそうだが、時折、会合なんかで会う若い人たちに、「岐阜弁、使ってるの?」と聞いてみると「使っていない」と答えながら、実は岐阜弁と意識せずに、ごく自然に岐阜弁を使っている場合が多かった。

「岐阜弁、使ってるの?」

「岐阜弁なんか、使っとらへんて(使ってないです)。ねー」「そーやて(そうです)、ほんとやて」

そこで、今、使った「~て」が岐阜弁だと説明すると、「あッ」と驚く若い人たちが多かったのである。若い人も岐阜弁を使う頻度は少ないものの、ちゃんと岐阜弁を使っているのである。

やっぱ　岐阜弁やて！

書いとりんさる

「ありがとう」と「おおきに」は、ひとつの言葉だった！

岐阜県が関西と関東の方言の境界線あるいは混在しているという、ひとつの証拠が感謝のときに使用する「ありがとう」と「おおきに」である。

「ありがとう」と「おおきに」は、もともと「大いに有難く存じ奉る」、現代でいうならば「おおきにありがとうございます」という、ひとつの言葉だったのである。

「おおきに」は「大いに」とか「たいそうな」という意味があり、「ありがとう」は、「有難う」とも書き、「感謝」という意味が込められている。

つまり、何日もかけて糸を紡いで織った織物や、苦労して仕留めた動物の毛皮を進物として受け取ったとき、「本当にご苦労さまでした。さぞ難儀されたことでしょう」と感謝する言葉だったのである。

かつての「大いに有難く存じ奉る」が、いつしか「おおきにありがとうございます」と変化して、さらに、なんと上下に分割され、いつしか関西では「おおいに」以下を省略してしまい「おおきに」となり、関東では上を省略し「ありがとう」とか「ありがとうございます」となったのであろうと思われるのである。

現在、正式の「おおきにありがとうございます」は、あまり言われなくなったようだ。

岐阜県は、一応、関東系の「ありがとう」圏ではあるのだが、飛騨、郡上あたり、さらには岐阜から西美濃あたりでは「おおきに」も聞かれる。しかも「ありがとう。おおきにねッ、えかッ」などと、ひっくり返して使う場合も見られるのである。

そんな「おおきに」は、岐阜、大垣などと西へ行くほど、中高年を中心にしてよく使用されている。それは関西圏の滋賀県に近づいているからでもあろう。

もっとも「おおきに」は、顔見知りなど親しい関係でないと使わないようである。このように、これらの地域の人々は公式の場面で使用する「ありがとう」と、うまく使い分けているようである。

「えかッ」で振られる！

「えかッ」は、「いい？」「よろしいか」といった軽い確認の意味である。「今度の休み、岐阜城に行こうよ。夜景もきれいやで（ですから）。えかッ」と、岐阜では日常的に、まるで会話のおまけのように語尾に付けて、気楽に使用してしている。口ぐせのように。

ところがである。他県人が「えかッ」と言われると、命令調に聞こえたり、叱られているように感じてしまうのである。それも人によっては強烈に。

ある他県人が岐阜で勤めた時、「えかッ」と言われてショックを受けて、落ち込んでしまい、結局、退職してしまったという体験談を聞いたことがある。

また、他県から転勤してきた上司に「えかッ」と言った場合は、ちょっと、軽いトラブルが生じるかもしれない。

そうそう、最初に岐阜の若い女性から「えかッ」を聞いたとき、「若い女性が、

日曜日やでえかっ
9時やでえかっ
待っとるでえかっ
えかっ
…なんだか強引な感じ。
暴力男かも。パス。

こんなキツイを言葉を使っていいのか。親の躾けは?」と、戸惑ったことがあったと他県人から聞いたことがある。

だから、他県人のデリケートな恋人に、「明日、いつもの柳ケ瀬の喫茶店で待っとるで(待っているからね)、えかッ」なんて言うと、その恋人は、たぶん、その喫茶店には来ないであろう。他県人と最初にあったときは、まず「『えかッ』は、強く感じられるけれど、なにも命令しているのではなく、また怒ってもいないのであしからず」などと解説をする必要性があるかもしれない。

ついでに、「~やて(ですよ)」「たわけ(ばか)」も同様に説明してもいいだろう。「えかッ」と同じように強く感じられるからである。

しかし、そんな「えかッ」でも立派な岐阜弁なのである。えかッ。

偉くない「えらい」

共通語の「偉い」も、もちろん使うが、岐阜弁の「えらい」は、なんと「疲労」という意味でも使用するのである。

「あー、えらかった（疲れた）、えらい、えらいであかんわ」と使用する。

「お婆ーさん、階段上られて、えらかったですねー（お疲れさんでしたねー）」など、駅のホームや神社なんかで、こんなシーンが見られる。

しかし、頭に「ど」を付け「どえらい」となると、「大変」という意味もあり「どえらいことになった（大変なことになった）」などと言う。また「どえらいであかん」と言うと「大変、疲れたのです」という意味になる。

しかし、オフィスなんかで他県人が「えらい、えらい」という言葉を聞くと「どうして、貴方は偉いの？　自慢しているの？」とたぶん思われてしまう。

「えらい」は、そんな誤解を受けやすい岐阜弁なのである。

えッ、鶏肉のこと⁉「かしわ」

鶏肉のことである。もう少なくなったが、古くから営業している鶏肉専門店の看板には時折「かしわ」と書かれている店が見られる。

「かしわ」は「黄鶏」という漢字をあて、鶏の羽根が茶褐色で柏の葉っぱに似ているというところからきたようで、鶏そのものをいっていた。江戸時代には鶏肉を「かしわ」というようになったといい、古くから黄鶏鍋、黄鶏汁などの料理で食べられていた。

「かしわ」という名称は、かつては全国的なものだったが、「若鳥」「鶏肉」にとって代わり、「かしわ」と聞いて直ぐ分かる人は年配者だけになってしまったようで、いつしか古語に残るだけとなるのだろうか。現在、「かしわ」は関西あたりなどでも使用されている。

子どもたちは「かしわ」と聞いて「柏餅」を連想するかもしれない。

ただいまー
おいしそうな
かしわが
あったで
買って
きたよー
照り焼きかな
かしわもち!
わーい
わーい
かしわ!!

やんわりお断り
「勘考」

「勘考」は、「考える」「思案」という意味で、国語辞典に載っている普通の言葉だが、現代人は「勘考します」というよりは「考えます」と言うので、「勘考」は、古語に近い言葉ではないかと思ったりする。

さて、岐阜の商人の間では営業トークで「新商品です。仕入れてもらえませんか」と言うと「勘考しますわ」と、答える場面が多く見られる。

しかし、他県人の営業マンが「勘考しますわ」と聞いて、「考えてもらえるに違いない」と思って、後日、期待感を持って岐阜商人のところへ訪れると、「えッ、あの新商品、あの時、断ったハズだが」と意外な顔をされたりする。

岐阜商人は、「断る」と言葉に出すと失礼にあたると思い「勘考する」と言ってやんわり断るのである。つまり「勘考」の意味は「断る」と理解していいのだ。

なんと岐阜人は奥ゆかしいことか。他県営業マン必修の岐阜弁であろう。

武家の末裔？
「ござる」

「いる」「来る」「行く」の意味の尊敬語だが、どちらかというと「いらっしゃる」「やって来られる」という意味で使用している。

岐阜のほか東海、北陸など広い範囲で使用されている。

他県人が聞くと武士が活躍している時代にタイムスリップしたように感じられることであろう。ふと振り返ると、ちょんまげをして刀を差している人が立っている？　まさか？

「ござる」は「ござらっせる」「ござった」と変化しても使用している。

ただ、若者たちは、あまり使用しておらず廃れていくかもしれないが、学校なんかで「先生がござるよ」「先生が言ってござる」と聞いたことがあるので、案外、方言として伝えられていくかもしれない。

女性が使うと粋
「ごぶれいします」

「ごぶれいします」を他県人が聞くと、おそらくビックリするのに違いない。時代劇のような感じをうけるからだ。よく時代劇で武士が「ご無礼つかまつる」なんて言うからである。まあ「礼儀をわきまえなくてすみませんね」という謙虚なところからきた言葉で、なんとなく品が感じられよう。

「ごぶれいします」は「失礼します」「さようなら」という意味で、男女とも中高年が主に使用しており、若い人はあまり使用していない。

会合や居酒屋から帰る時、「お先にごぶれいしますわー」と「さようなら」のような意味でよく使用する。

お湯から出る時にも使うので、女性から「ごぶれいします」なんて言われると、粋に聞こえ、ちょっといい気分になってしまうから不思議だ。

では、ごぶれいします。

ごじぶれいします…
ハッハイ
キィーッ
ドキドキ

去るでも猿でもない「〜さる」

共通語の「〜なさる」。動作する人を尊敬していう場合に使用している。「ござる」と同じように時代劇かかった言葉で、他県人が聞くと、テレビの画面から聞こえてくるような錯覚を覚えることだろう。

岐阜では男女とも敬語として「行きんさる」「やっとりんさる」などとして使用している。

過去形になると「〜さった」となり、「行きんさった」「やっとりんさった」となる。

また「〜さる」は「〜せる」と言う場合がある。「やらっせる」という。

「〜さる」「〜さった」は、若い人はほとんど使用していない。

相手に嫌われる⁉︎「しゃちやく」

別に名古屋城本丸の金のシャチを焼くわけではない。「お節介」とか「世話をやく」という意味がある。

「ちゃんとハンカチ持った？　財布は？　切符は？　夜冷えたらあかんから上着持った？　ちゃんと手土産持った？　忘れとったら私が恥ずかしいがねー」

「お母さん、そう、しゃちやかんといて！　私、もう子供やないんやから」

というようなシーンが玄関先などでよく見られる。

まあ、本当は、このように「しゃちやく」の意味は、「ちょっと、しつこく世話を焼く」とか「お節介や親切が過ぎる」というのが適切であろう。

家庭内だと、それで収まるのだが、他人同士だと話がややこしくなる場合がときには見られる。

職場内や同好のグループで、しゃちやき過ぎると、親切心から悪気はないのだが、よけいな事を言ったり、ときには一方的な思い込みやプライバシーに入り込んだりしてしまい、相手から嫌われてしまう。しかも、しゃちやいた人は事が起きてしまった後に、やっと気がつく場合もあるかもしれない。

このように度が過ぎると相手から嫌われ、ついには離れていってしまうこともありそうなので注意が必要だ。ちょっとでも親切心がある岐阜人は、多かれ少なかれ、こんな体験をしたことがあることだろう。双方とも善人同士で悪人ではないから、よけい悲劇である。

恋人同士の関係でも、一方がしゃちやき過ぎた場合は、破局を迎えるかも。

このように、しゃちやくことは、相手から、うとんじられる場合もあるのだが、これも、岐阜人の優しさや親切心が表れている証拠でもあるので、ちょっとは大目に見てもらいたいものである。しゃちやく場合、バランスが難しいのだが、うまくいった場合は、それはお互いに喜びとなるのである。

ところで、もう、あまり見かけなくなったが、しゃちやくことが大好きな中高年の女性にでも捕まったら…、特に縁談話は…。

あいまいな相づち「そーやて」

「そうですね」という相づちの言葉。「今日は良い天気ですねー」「そーやて」「今日の給食、美味しかったねー」「そーやて」などと、年配者から子供たちまで気楽に使っている。「ほーやて」とも言う。

実に曖昧にというか、適当というか、そんな相づちの言葉なのである。まあ、適当に相手をあしらう場合も「そーやて」と言えば、相手もそのつもりで会話をすることとなる。

しかし、強く「そーやてッ」とか、「そーやて。そーやてッ」と強く連呼した場合は、「私も絶対そう思う」という強い意志となる。

ちなみに名古屋人は、「そーやて」の代わりに少々賑わしく聞こえる「そーだぎゃー」と言っているので、この方言を聞くだけで、はっきり岐阜人か名古屋人かを区別できるのである。

だだ草ではない「だだくさ」

「だだ草」という草はないが、他県人が聞くと、たぶん草を連想してしまう言葉である。

「しまりがない」「乱雑」という意味で、古語辞典にも載っているような古くからの言葉で全国的には使われていない。だから他県人が聞いた場合、ちょっと理解に苦しむであろう。

「何やっとるの。ご飯こぼして、だだくさやね」とか、「まあ、だだくさな字を書いて。もっとしっかり書きゃー（書いて）」などと、若い女性も子どもたちも頻繁に使用しているので、将来まで残る岐阜弁となろう。

えッ？　屈辱感があるの⁉「たわけ」

「たわけ者めがー。町人ふぜいにしてやられたとは」と、悪代官や悪家老などが家臣に言う定番のセリフ「たわけ」が、テレビの時代劇でよく聞かれる。だから、他県人がこの「たわけ」を岐阜で聞くと「時代劇みたい」と、一瞬、きょとんと周囲を見渡してしまうだろう。

喫茶店で待っている若い女性が、彼氏なんかに「たわけーェ、なにやっとんのー。遅いわねー」なんて、ごく気軽に使っている。この場合の「たわけ」は、別に叱ってはいなく、枕詞的に使っているのにすぎない。

だから彼氏も「たわけ」と言われても、まったく気にしないのである。

しかし、他県人に言う場合は、注意しなければならない。「たわけ」は強く感じられるからである。それだけではない。屈辱を受けたと理解する他県人もいると聞く。

他県人と、商取引している場面で冗談でも「たわけ」と言ったら、その一言で、それまでうまく進んできた商談が御破算となるかもしれない。

また、岐阜の女性が他県人の男性に、気楽にでも冗談で「たわけ」と言おうものなら振られるかもしれない。

「ばか」圏の人々にとっては、「ばか」と言われても、なんともないかもしれないが、「たわけ」と言われると、強く反応する場合もみられるのである。

それはともかく「たわけ」に「ど」を付け加え「どたわけッ」と強く言ったときは、強烈に叱っている言葉となる。

ただし、同じ「どたわけ」でも、優しく「どたわけー」「どたーけた」と言う場合は、恥じらいの言葉となる。

「どたーけた」などと同じく、優しく甘えた感じで「たわけたー」と言う場合もある。これは甘えた口調の「ばかー」と同じような意味で使われる。

この「たわけ」は、もともと「たわむれる」というのが語源で、貴族から、軽くちょっかいされた女官が「まあ、おたわむれを」なんて、使うような言葉であったというから、「どたあけた」は、古語に近い使い方となろう。

時代が下り武家政権のころには「たわむれる」から、いつしか語源の持つ意味が変わり、「馬鹿」「あほ」を意味する「たわけ」と転訛していったのである。

このように「たわけ」は、語源の意味がいつしか、まったく異なってしまった、そんな方言なのである。

ちなみに、代々、兄弟に田を分けていくと、いつのまにか貧農になり、ついには食えなくなるから、「たわけ」という方言が生まれたというのは俗説である。

釣れない「つる」

「みえる」「B紙」と同じく、共通語と誤解する岐阜人も多い。

「つる」は、「もちあげる」という意味で使用している。

学校で「はーい、机をつって（持ち上げて）後ろの方へどかしてねー」という言葉が、ごく普通に聞かれるのである。

他県に行ったとき「机をつって」と堂々と言ったところ、相手が戸惑ってしまったという話をよく聞く。他県人は「どうして机を釣り上げるのだろう」と思ったかもしれない。

本人は共通語と思っているから、その時、初めて「つる」が岐阜弁と知るのである。

また岐阜人は「つる」を「机をつる」ほか、「魚を釣る」「風鈴を吊る」というような共通語もうまく使い分けて使用しているのである。

電池ではない「でんち」

「電池」でも「田地」でもなく、実は衿なしの綿入りちゃんちゃんこである。この「でんち」は、「えらい」「まわし」などともに他県人には誤解されてしまうような代表的な岐阜弁なのである。「でんちこ」ともいう。

「そこの、でんち取って」と言われて、一生懸命、電池を探したという他県から来た人の話を時折聞く。

夫の実家なんかで、お義母さんから「でんち買ってきて」と頼まれた妻が買ってきたのが電池だったりして。

しかし、暖房事情が良くなってきたせいなのか、畳の部屋が少なくなっていったせいなのか、「でんち」という言葉は「でんち姿」とともに消えつつある。囲炉裏には、あるいはミカンが乗った掘りこたつには、でんち姿がよく似合ったのであるが。

だってお義母さん誕生日にはでんちが欲しいって……
でんちはのことやわ!
どだーけっ
乾電池詰め合せ
ボタン電池入り
東京みやげ

取られない「〜とる」

「〜ている」という意味だが、他県人には強く感じる言葉であろう。「分かっとる」「やっとる」「待っとる」「知っとる」などと頻繁に使用している。「分かっとる」の場合は、曖昧な返事の意味の場合と、相手のしつこい指示による不満の気持ちを込めて返事をする場合に使用している。何か岐阜人の素直でない、そんな一面を表している言葉のようである。

「〜やて」と同じように、いかにも岐阜の言葉と直ぐに分かるのである。

ちなみに「分かっとるッ」「分かっとるわーッ」と強調すると非常に強く感じるが、軽く「分かっとるわー」と言うと優しく感じ、さらに「ね」を加え「分かっとるわねー」となると、なお優しくなり、ちょっと違った意味も加わるのである。

「どんびき」は蛙だけではない

「どんびき」は蛙のことで、飛騨や郡上あたり、あるいは関や岐阜でも聞かれる。また大きい蛙を指すこともある。

「蛙」は「けーろ」「ぎゃーろ」とか「ぎゃいろ」とも言う。

ちなみに、近年では、軽い会話や酒宴の席なんかで、何かを言って場が白けた状態の場合、「どんびき」と言う。つまり、「引く」の誇張された言い方の「どーんと、引いてしまう」を短縮して言うのである。まあ、流行語ではあるが、一般化すると将来は普通の国語辞典に掲載される？

つまり、「どんびき」は年配者と若者とは、まったく違った意味で理解されるということもあるかもしれないのである。

ちょっと注意したい「なぶる」

岐阜では、共通語の「軽く触れる」という意味の「なぜる」のほか、「なでまわす」「からかう」という意味でも使用する。

他県人が聞くと、特に女性が聞くと嫌らしいイメージになるというから、ちょっと注意したい言葉だろう。

しかし、使用している本人は「なぜる」という意味で使用しているので仕方がないといえば仕方がないのだが。

「そんなに、なぶったらあかんて」「それ、なぶりゃー」と、高齢者も若い人でも普通に使用しているのである。

気楽な相づち「なも」

岐阜は「なもなも言葉」と言われているように、岐阜の代表的な方言で、語尾に「なも」を付けると、他県人も今日から岐阜人に？

「～ですね」と言う意味だが、「そーやて（そうですね）」と同じく気楽な曖昧な相づちの言葉として使用している。

相手を傷つけず、適当に返事をごまかす時にも使用できる便利な言葉である。また「しかし」「それで」という使われ方もあり、さらに「なもッ」と強調すると「えかッ」と同じく強調の意味となるが、「えかッ」よりは優しく感じられる。

「なも」は、高齢者が盛んに使用しているが、若い人は絶対というほど使用していないから、いずれは廃れてしまうのだろうか。

「ほんで（それで）なも」「ところでなも」「なんやったなも？」「ちょっとも終わらんなも。なも！」と果てしなく続くのである。なも。

岐阜人の上品さが「ぬくとい」

「今日はぬくとい日やったねー」「いい湯やったね。ぬくとまったわ」「このおにぎり、まだぬくといで、はよ食べおっけ」などと、「暖かい」「温かい」という意味で使用している。

「ぬくとい」は、何かしら品がある岐阜弁で、女性が使用すると、より優しさが伝わってくる「ぬくとい」言葉である。

優しさの理由は、かつて貴族達が使用していた「ぬくし」「ぬくとし」という言葉からきたのだろうか。

岐阜弁は「きたない」と揶揄されているようだが、このような上品さを醸しだす岐阜弁もあるのである。どしどし使用したいものである。

えッ「B紙」は共通語ではないの?

「B紙（びーし・ビー紙）」とは、よく学校の教材として使っている大きな紙のことで白色の無地が多いが、色紙やマス目が印刷されたものも売られている。B紙が岐阜の方言で、共通語は「模造紙」だというと「えッ」と言う人がほとんどである。文房具店で「B紙ください」というと、全国でいう模造紙をだしてくれる。売っている店の人も、まさか全国では模造紙ということとは知らず売っている。

ある中学校で見せてもらった五十枚入りの縦長の段ボールの箱には、岐阜県内の製紙会社で製造されたのにも関わらず「マス目模造紙」と印刷されていた。東京なんかで「B紙ください」というと、「B4ですか? B5ですか?」と聞かれるかもしれない。ともかく、全国ではB紙では通じなく他県に行って初めてB紙が方言だったということに気がつく人が多い。

共通語の「模造紙」の語源は何かの紙を模造した、つまり何かに似せて作った偽物の紙である。だから堂々と偽物ですよと宣言するために「模造紙」と名付けたのだろうか。

もともと元祖は「鳥子紙（とりのこがみ・とりのこし）」という雁皮を原料とした高級な和紙で、厚みも色々あり書簡、襖、短冊などに使われていた。色が卵のような淡い黄色をしているので鳥子紙と呼ばれるようになったという。

明治になると、鳥子紙を継承した高級な紙が証券、株券、賞状などの印刷用として誕生した。政府の「抄紙局」で手漉き、のち機械漉きで製紙されたので「局紙（きょくし）」と呼ばれた。のちパリ万博にこの局紙を出品したところ、評判となり、ヨーロッパで局紙に似た安価な紙が製造され、こんどは、この紙を日本の製紙会社がマネして製造するようになったという。

このように、本物である高級和紙の鳥子紙が局紙にマネされ、局紙がヨーロッパでマネされ、これが輸入され、日本の製紙会社がこの紙をマネして作るようになって現在にいたったというが、いつしか高級感も失われ、ただ大きな上質紙に

おじさん、B紙ちょー
B紙って模造紙のことなんだぜ
B紙？
えーっと、どっちかなァ
B5
B4
A4
A4
模造紙

なってしまったのである。

さて、「B紙」の語源を尋ねてみると、「Bサイズの大きい紙のこと」という答えがほとんどだった。B紙つまり模造紙のサイズは788ミリ×1091ミリだからである。これに近い紙のサイズを調べてみると728ミリ×1030ミリのサイズの紙があった。B1判である。だからBサイズに近いからB紙と呼ばれるようになったのだろうか。

では、この788ミリ×1091ミリの紙のサイズとはいったい何か。実は美濃和紙のサイズに由来するともいわれている四六判なのである。ちなみに四六判をいくつも折りたたむとハードカバーなんかの単行本のサイズとなる。B6判サイズのやや縦長である。

模造紙は、今や元々の高級な鳥子紙とは、似ても似つかない普通の上質紙と成り下がってしまい、バレバレの模造品となっているのである。

そこで、あえて言うならば鳥子紙とかけ離れていても、いつまでたっても「模造」、つまり偽物の紙ではかわいそうなので、またB判サイズの紙とは異なるので、いっそ市民権？　を与えて「四六判紙」などと改名したほうがよいと思うのである。

「B紙」は岐阜、愛知の方言で、全国的には他に「大洋紙」「広用紙」と言う地方があり、せめて名前だけでもと、まるでご先祖の鳥子紙を偲ぶがごとく「とりのこようし」とか「がんぴ」と言う地方もある。

暇なんですが「ひまざい」

「暇垂（ひまだれ）」からきたようで直訳すれば「費やす時間」となるのだろうか。さらに「費やす時間」プラス「ボランティア」のような意味も感じられるが、それだけでは十分ではなく共通語への直訳は難しいものがあろう。

それは「ボランティア」といっても、内心は喜んでという気持ちはあるのだが、それは表面には出さず、自ら進んで行動するというよりも頼まれてしかたがなく行動するというそぶりも含むのである。まあ、これは岐阜人の奥ゆかしさからきていると思うのだが。

また「費やす時間」でも、労働で時間を費やす場合は「ひまざい」とは言わない。「ひまざい」は無償の時間を費やすのであるから「ボランティア」となろう。

したがって、「ひまざいを」を共通語に訳せば、「嫌々のそぶりをするが、実は喜んで行うボランティア」とも訳せないことはないが、これでも、ぴったりと訳することのできない不思議な言葉と思うのである。ニュアンスは理解してもらえると思うのだが。

「おはようございます。ええ、ちょっと市民会館まで、会合やで、ひまざいやでしかたがないわね」と、よそ行きの服を着込んでいそいそと出かけるのである。しかし、若い人はほとんど使用していない。若い人は「ひまざい」とは言わずに、「ちょっと、PTAで」と言いながら、さっさと出かけていくに違いない。ともすれば岐阜人の奥ゆかしささえ感じられる「ひまざい」は、やがて廃れていく岐阜弁となっていくのだろうか。

岐阜のほか、愛知、新潟あたりでも使用されている。

待たない⁉「～まった」

「待った」ではない。「～しまった」の「し」一文字を取るだけで岐阜弁となってしまう。もちろん「待った」という意味でも使用されている。

「怒られてまった」「もう、食べてまった」「できてまった」などと年齢を問わず頻繁に使用されている。

また「待った？　遅れてまったー。ごめん、ごめんー」と言うように気楽というか半ば投げやり的にも使用されているが、いずれも自分自身の行為に対して言うのである。

しかし、「～まった」の下に「がね」（でしょう⁉）を付けると、相手に言う言葉となる。

「まあ、この子は、またハンカチ落としてまったがね」

「よかったね。私のいうとおりやて、試験に受かってまったがねー」

ふんどしではない「まわし」

「はっけよい！　のこった！　のこった！」

「あッ、今、まわしをとりましたね」

と言うような「ふんどし」を意味する「まわし」ではなく、「準備」という意味である。意味を知らない他県人の特に女性が聞くと、顔を赤らめるか妙な顔になるようで、岐阜人が他県に出かけた場合は、要注意の岐阜弁となろうか。

「君、君、係の女性たちにまわし（準備）したんか（したのか）聞いてくれんかね？（くれませんか？）　午後のミーティングのレジメの」

「ボク、学校のまわしできたかねー？（できたの？）、体操服、ちゃんとまわしした？」

なんて、頻繁に使っている。しかし、最近の若い女性には、ちょっと嫌われているようで、なんだかかわいそうな「まわし」なのである。

まーすぐ会議やで
はよ、まわしして
エッ!?
まわしで会議~~~?
のこった
のこった

見えなくても「みえる」

「みえる」は、「居ます」という意味で、目で「見える」わけではない。職場なんかで「もしもし、主任さん、みえますかー?」「はーい。います。主任さん電話」なんて使用する。

他県の場合は「もしもし、主任さん、みえますかー?」「はい? 私の場所からは、主任の姿が見えませんが?」ということになろうか。

つまり、他県人が聞くと、視覚的な「見る」と理解してしまうのだ。丁寧に言う場合は「お」を付け「お見えになりますか?」となる。

この「みえる」が、岐阜弁だということを知らない人は意外に多いので、岐阜弁だと知ると驚く人も多い。

ちょっと余談。駅なんかで「この荷物、見とって」とよく言うが、他県人が聞くと「死に際を見取る」の「見取る」を連想して、おやッ? と思うそうだ。

肩はもめない？
「〜もんで」

「ですから」「だから」という意味。「ですもんで」「だもんで」など使用する。公的な場面や初対面とか目上に話す時は「〜ですもんで」と使用し、友人たちや御近所同士、家庭内では「〜たもんで」とか「〜やもんで」と使用する。

また「ですもんで」を略して「新製品ですで」とも使用している。

「今晩も、お酒呑んで帰ってきて、今、何時やと思っとるの？」

「ヒックッ。いや、上司にさそわれたもんで、断れぇへんもんで、雨が降ったもんで、……もう寝るもんで、もんで、ヒックッ」

といった場面でも使用するのである。

何かしら岐阜人の素朴さ優しさを感じさせる「もんで」は、共通語の「肩もんで」の「もんで」としても使用している。

命令です？
「〜やー」

「〜ください！」とか「〜するといいですよ」という意味か。他県人からみると、一見、柔らかく感じられるが、すぐに行動しないと叱られそうな、また命令されているようなニュアンスを持っている。

岐阜人にとっては、ごくごく普通に極めて日常的に使用している言葉である。まあ、時には叱る時や命令する時にも使用してはいるのだが。

「はよ（早く）、こやー（来てくれるといいですよ）（来てください）」「やりゃー（やってくれるといいですよ）（やってください）」と、多方面で使用している。

命令形では「はよ、こやーッ（早く来いッ）」となる。

どちらにしても目上に対しては使用していないが、子どもから高齢者まで幅広く使用している。

岐阜人とすぐ分る⁉「〜やて」

「〜です」と意味。子どもから高齢者まで、「鵜飼やて」「鵜匠さんやて」「そーやて」などと頻繁に使っている。

どこにいても使用しているから、県外の高速道路のサービスエリアで「やっぱ、この土産やて」「あっちの土産のほうがいいんやて」などと言う中高年の女性たちの会話を聞くと、岐阜人だということがよくわかるほどだ。

弱く「だめやてぇ」「いいんやてぇ」と言うと、非常に優しい感じとなるが、強く「だめやてッ」と言うと、強制的に断定してしまうような感じとなってしまうのである。

他県人が、例外はあるがどんな言葉でも語尾に「〜やて」を付けて使用すると、その日から立派な岐阜人になれる⁉「ほんとやてー」「うそやてー」

やめたら困る「やめる」

「センセー、やめて、やめて」と、病院でよく使う岐阜弁で、「やめて」は「痛い」という意味で使い、医師は「どこ？　ここ？」と、診察している。

でも、東京あたりの病院で、お医者さんに向かって、大きな声で「やめて」と言うと、診察している手をぱたりと止めるかもしれない。たぶん止まる。

というのは、この場合は医師が「止めて」と解釈したからである。

現代では「わずらう」「痛む」という意味での「病める」は、あまり使われなくなっているから、医師が「止める」と解釈したのは無理でもない。

また、待合室で待っている患者たちは、「あの患者は『止めて』と言っているほどだから、今日の先生は手荒な治療してるなー。うん？　ひょっとしたら……」と誤解してしまうかもしれない。

岐阜では「病めて」の岐阜弁のほか、「止めて」も「辞めて」も使用している。

やめてやめてセンセー、
かなわんで
治療は
やめんといて
あー、やめる!
やめるわァ
やってー
えーっ!?
どっちなんで
しょうって

ちょっと品がある「よばれる」

「よばれる」は、「頂く」という意味で、人から「呼ばれる」のではない。他家を訪問して、「今からパウンドケーキを作りますから、ご一緒にどう？」と言われた時、「いいわ（いいです）、すぐ帰るから……、あーら、そう？ せっかくだから、よばれますわ」なんて使うのである。

また、旅館なんかのお風呂に入る時は、「お先に、よばれます」と使うのである。この場合、「お先に、ごぶれいします」とも言う。ちなみにお風呂から出た時は、「ごぶれいしました」と言うのである。

男性よりは女性が多く使用しており、「よばれる」は、ちょっと品があり、他県人ならずとも使ってみたい岐阜弁なのである。

ただ、喫茶店、レストランなどの接客シーンでは、ほとんど使われていない。

もちろん、「先生に呼ばれたで」と、「呼ぶ」という意味でも使用する。

江戸から来た「わっち」は、廃れていくのか⁉

「私」とか「僕」とか自分をさし男性女性とも使用する。「わっちゃ」ともいう。複数の場合は「わっちんたー」とか「わっちんたらー」「わっちら」というが、自分のことをさす場合でも「わっちら」という場合がみられる。

「私」から変化したもので、江戸の初期、江戸の武家屋敷で門番や小間使いをしている中間や足軽が、今でいう業界用語のように使用され、それが武家屋敷に出入りする商人など通じて江戸中の町人へ流行語のように広まり、全国各地に広まっていったのであろう。さらに遊廓では「わちき」と転訛していたようである。

現代でも東京の流行語が、あっという間に全国に広まっているのに似て、江戸の流行語として伝播していき、いつのまにやら当時の全国共通語として定着していったのであろう。

十返舎一九の「東海道中膝栗毛」や歌舞伎でも使われている。時折、時代劇で

江戸時代、「わっち」は流行語だった
ねーさん、わっちにもひと皿くれねえかい
あら いい男。わっち ほれちまいそうだわ
ハーイ
でも今は
リハビリ室
わっちは腰が痛うてなも
わっちはヒザが…
すっかりお年寄りのことばになっている

も使われるので、「岐阜弁が何で?」と思った岐阜人もいるであろう。

明治以後「わっち」に取って代わり、女性男性とも「私」、男性は「僕」というようになっていったのである。

「わっち」は、このように珍しく東の江戸から伝播した岐阜弁であるが、現在では高齢者が使用しているだけなので、やがて廃れていくかもしれないのである。

ちなみに「わっち」は、主に関東以西の各地の方言として残っている。

やっぱ　もっと岐阜弁やて！

【ア行】

あかへん＝駄目

蓋が開かないのではない。駄目という意味。だから蓋が開かない時は「蓋があかへんで、あかへん」となろうか。

あかむ＝沸く

沸くといっても会場が沸くというような意味もあるのだが、お湯が沸くときしか使用してないようだ。「やかんがあかんでるわ」

あかる＝こぼれる

「そんなに揺ゆらすとバケツから水があかるがね」

あじない＝まずい

語源は味が無いということだろう。愛知、滋賀、福井、石川、富山のほか関西など使用範囲は広いようである。「今夜のカレーあじない！」と使用するが、聞いた方は？

あらいまし＝食器洗い

台所で食器類を洗うこと。「あらいまししたかねー（したの？）」などと使用する。自動食器洗いが普及すれば廃れてしまうのか。

あらけない＝たいへん

荒々しいという意味もあるが、岐阜では凄いことした時か、ちょっと、けなすときにも使用している。「あの人、あらけないでいかんわー」

あらすか＝そうではない

「あらず」からきた言葉なのか打ち消しの言葉である。単に打ち消しの場合に使用するほか、恥じらうときにも使用する。「私のこと、きれいやて、まあ、そんなことあらすか」

あらへん＝ではない

「あの子、まだ二十歳やあらへんよ」と否定する場合に使用したり、「無い」という意味でも使う。「机の中には、鉛筆あらへんかった」

あんき＝安心、気楽

主に年配者が使用し、若い人は「安心」「気楽」を使用している。「やっと、あんきになってよかったねー」

あんばよー＝しっかり、きちんと

どちらかというと、相手に向かって言う。「東京に行っても、あんばよーやりゃーよ」と言う。こんな言葉を聞くと思わず顔がほころんでしまう。ちょっとノスタルジーを感じてしまい、なんとなく優しさが感じられよう。漢字では「塩梅良（あんばいよう）」と書く。

いいころかげん＝いいかげん

風呂の温度が良いとき「いいころかげんだねー」と使う一方、でたらめとかあいまいとか、人の行為をとがめる場合に「いいころがげんにやっている」と使用する。「よい加減」から転訛したと言われている。

いかき＝ざる

「笊」とか「笊籠」とも書く。かつては竹製だったが、プラスチック製が主役となっている。いかきもざるも「笊」と書き、同じく古からある言葉であるが、不思議に「ざる」が全国的に定着していった。ざる蕎麦をいかき蕎麦と言わない。これは不思議だ。

〜いかした＝〜いかれた

「持っていかした」「やっていかした」と使う。単独の「お行きになった」という尊敬の意味でも使用している。「いらした」という場合もある。

いきしな＝いくときに

「行きがけに」というのが原語だが、いつしか転訛していったようだ。若い人はあまり使用していない。「いきしなに、あの人にあった」

いざらかす＝動かす

物に対して使用している。単に「動かす」と言えば簡単だが、ちょっと奥ゆかしさが感じられよう。若い人はあまり使用していないようだ。「ちょと、そ

「この箱いざらかして」

いしな＝石

他県人が聞くと「いし菜」という野菜があると想像するかもしれない。

うそこき＝うそつき

「もー嫌いッ　うそこきッ　あんたなんか最低ッ」と使う。変化すると「うそこいて」となる。他県人には、ちょっと分からないかもしれない。

うめる＝薄める

「薄める」と聞くと「味を薄める」「色を薄める」とかを連想するが、お風呂のお湯が熱いとき、水を入れ温度を下げる時に使用する。「熱いで、もう少しうめるわー」

え＝い

岐阜弁では「い」を「い」と発音する場合と、訛って「え」と発音する場合がみられる。また、区別せず発音する場合もある。「いーて」を「えーて」、「いーですよ」を「えーですよ」と使用する。さらに「あらけない」は「あら

イヤッ
うそこきっ
う…うそこき？
その美しい顔で
こきなんて……
ショック
バシ

けねー」、「えらい」は「えりぇー」と少し変化する場合もみられるが、いずれにしても年を重なるとともに「い」から「え」へと変化していくようである。

えーて＝よろしいですのよ

何か頂くときや、感謝に対する返答として使用している。「私なんかに、えーて、えーて、お隣さんも？　だったら頂くわ、悪いわねー」と、遠慮がちに頂くのである。岐阜人の奥ゆかしさが感じられよう。

えかッ＝いい？　よろしいか

《二八ページ参照》

えぞくらしい＝わずらわしい

めんどくさい時や、蚊や虫がまとわり付く時に、思わず言ってしまう方言だ。「やりにくい」という意味でも使用するが、この場合は「やにこい」とも言う。ときには人に対しても使用する。「もー、あんたなんか、えぞくらしいわッ。あっちへ、いっといて」

えらい＝疲労

《三一ページ参照》

えんな＝いいですよ

高齢者がよく使用しているが、なぜかホッとする。「これは体にえんな、あんたも食べるかね」「えーな」とも言う。

おおきに＝ありがとう

《二六ページ参照》

おーじょうこく＝困難

本当に大変な場合には使用せず、日常的な生活の中で気楽に使用している。「あの人には、おーじょうこいた」「荷物が重たて、おーじょうこいた」

おく＝止める

「置く」という共通語とともに使用している。「ここに車を置きゃー、うちの駐車場やで」

おぞい＝質が悪い、きたない

若い人はあまり使用していない。「買ったばっかやに、故障ばっかやで、ほんとにおぞいわー」「もう、ポチがおぞなってしまって、私が洗ったるわー」

おそがい＝恐い

高齢者がよく使用しているが、共通語の「こわい」の意味でも使用する。

「おそがいであかんわ、この階段急やで」

おぼわる＝覚える

「おぼえる」の「え」を「わ」と置き換えるだけで方言となる。文字だけでみたら誤植だと勘違いするかもしれない。「まんだ、おぼわっとらんて」

おまはん＝きみ

高齢者が盛んに使っており、中でも、ちょっと注目してほしいときに使用している。「おまはん、ほんでなも、わっちはなも」

おりんさった＝いらっしゃった

「居た」の尊敬表現。主婦層から高齢者まで使用している。「さっきまで、おりんさったでねー」

おんさった＝いらっしゃった

中高年から高齢者まで使用しているが、意外にも「先生、おんさった」と、子供たちも使用している。「来た」「居た」の尊敬語で「きんさった」とも言う。「おりんさった」と同じく「さった言葉」の代表的な岐阜弁だろう。

おんし＝きみ

恩師ではない。「御主（おぬし）」という古語からきたようだ。対等もしくは目下に使用している。山間部の高齢者がよく使用している。「おんし、どこから来んさったなも」

【カ行】

かう＝掛ける

「そこの部屋、鍵かっといてー」と気楽に言うが、他県人が聞くと「買う」と判断していまい、「えッ、鍵を掛ける時になって、何で、わざわざ鍵を買いに行くの?」と疑問に思うことだろう。鍵はあまり買わないが、「鍵を掛ける」のか「鍵を買う」のか、その場面や状況によって判断しなければならない。もちろん、買う、飼うなども使用する。

かがはいい＝まぶしい

暗いトンネルや映画館から出て、明るい太陽が照らす屋外に出た時、自然に出てしまいそうな岐阜弁である。「かがひい」「かがいい」とも言う。

〜かしゃん＝〜かしら、〜かな、〜ではないか

「〜かしらん」の転訛していったもので、若い人はあまり使用しない。まれに「かしゃん、かしゃん」と口ぐせのように言う人を見かける。「そうかしゃん、そうかしゃんと思っていたわー」「あんたは、そうかしゃんけど、私はそう思わんで」

かしわ＝鶏肉

《三二ページ参照》

かざ＝香、におい

「あっちから、えーかざするね。金木犀かねー。なも」と主に高齢者が使用しているが若い人はあまり使用していない。かつての共通語だったので、岐阜のほか福井、石川、富山のほか、山形あたりから九州まで広く方言として残っている。

かす＝とぐ

「ちょっと、米かして（といで）」と使用するが、これを聞いた他県人は「米を貸して」くれるかもしれない。

がばり＝画鋲

若者を始めとして岐阜弁とは認識していない人が多い。先端が針に似ているので「画針」となったかもしれない。「B紙（模造紙）を張るから、そこのがばり持って来てー」

～かね＝～ですか

公式の場面では「～ですか？」を使用するが、日常的には「ほーやったかね」などと使用している。どちらかというと柔らかく感じる岐阜弁である。「～かな」とも言う。しかし、強く「そうやったかねッ」と言われると、強く否定したことになるので注意。「良い物、買えたんかね」

～がね＝～でしょう　～ですよ

日常的に使用している。「でしょう」と言っても、「それみやー、私の言ったとおりやがねー」と、ちょっと強制的で肯定的のような感じさえある。また、「待っとる間に、ボトル半分飲んでまったがね」のように「ですよ」という意味でも使用されているが、ほかの意味も微妙だがありそうだ。

かまう＝ちょっかい

共通語ではあるが、岐阜では、軽くいたずらをするという意味でも使用している。「お母さん、怒ったってッ。お兄ちゃん、またかまったーッ」と、ほほえましいシーンで使用されている。

〜からかして＝〜しまくる（徹底的に）

相手の行動や言葉に対して反応して言う言葉である。ケンカのシーンや、ごく日常的なシーンで使用されている。「お前、また、やらかしてッ。どういうことやッ」「また、私の財布のお金、使いからかして。ん、もう。知らないから」

かんかん＝硬い

共通語の「缶」の意味のほか、「硬い」という意味でも使っている。なお、「缶」は「がんがん」とも言う。石や金属を叩く音から来ているのだろうか。「冷蔵庫のお肉、まだかんかんに凍ってる」

勘考＝思案

《三四ページ参照》

きーない＝黄色

いかにも黄色という感じがするようだが、他県人には、ちょっと分からないであろう。「ちょっと、きーないクレヨン、貸してー」

きたりびと＝よそ者

「よそから来た人」そのままである。他所から移り住んできた人を指すのであるが、人の出入りが多い都会ではあまり聞かれない。岐阜県では三代住むまで「あそこは、きたりびとだから」と言う地方もある。高齢者が使用している。

くろ＝隅、端

他県人にはほとんど分からない岐阜弁だ。若者はあまり使用しないが、お母さんになったとたん盛んに使用している。「車が来たから、道のくろ歩きゃー、早よッ。危ないんやて。ホントこの子は、お父さんに似てのろいんやから」

くろにえ＝皮下出血

姿、形からきた方言であろうか。「自転車で転んでまって、肘がくろにえになってしまったんやてー」

〜け＝〜ですか、〜ーよ

温かみが感じられる岐阜弁で、北陸あたりでも使用されている。「ほーけ」「やっぱりけー」などと聞くと、なにかほのぼのとするのである。また「使おっけ」「角まで走ろっけ」というように、「〜よ」と言う意味でも使用している。

〜げー＝〜ですよ

他県人が聞くと、多少きたなく感じられそうな岐阜弁であろうか。しかし、「ここにあるげー」「そうやげー」「嘘やげー」などと聞くと温かい感じがするのである。

けった＝自転車

「けったマシン」「けったマシーン」とも言い、東海地方で使用されている。

けど＝けれど

「けれど」の「れ」を取っただけである。「もう、済んだけどッ」と強く言うとキツイ言葉になるのだけど。

ごうがわく＝いらいらする

共通語の「業が煮える」からきたものであろう。「あんた、まだ迷っとるのッ。紺にする？　ベージュ？　はっきりしゃー。ホントごうがわくわー。私、もう帰る。アンタひとりで服決めやー」

こーとい＝地味

中高年が主に使用している。洋品店なんかで使用している。「この服、ちょっと、こーといで、あかんわー。あッ、これどう？　えッ、ど派手？　うそー」

こく＝言う、放つ

「濃く」という意味ではない。言い放つという意味で卑しんで言う。同等か目下に言う言葉である。東海、北陸、関西など広範囲で使用されている。「嘘をこく」と使用し、過去形では「嘘をこいた」というように使用する。

黒板消し＝黒板ふき

黒板そのものを消してしまう道具ではない。黒板に書かれたチョークを消す道具である。たぶん、岐阜出身の教師が他県の学校で「黒板消しはどこ?」って使ったら、相手は戸惑うに違いない。ホワイトボードでも「黒板消し」!?

ござる＝いらっしゃる

《三五ページ参照》

こすい＝卑怯

卑怯ではあるが、軽い感じの卑怯なのである。時には、ほほ笑ましいシーンも見られる。「おかあさん。お姉ちゃんねー、こすいわー。またブランコ乗ってまったー。私の番やにー」

ごぶれいします＝さようなら、失礼します

《三六ページ参照》

こわす＝くずす、両替

家を壊すのではない。お金をくずす、つまり両替するのである。子どもが駄菓子屋さんなんかで「千円札こわして」と言うと「金づち持ってりゃー」とひやかされるのである。

【サ行】

～さった＝～なさった

「さった、さった」と言っても去るものではない。れっきとした敬語であるが、若い人はあまり使用していない。「行きんさった」「先に食べんさった」

～さらんか＝～されませんか

軽く依頼するときに使用している。若い人は使用していない。「ちょっと、ゴルフでもやりんさらんか」と言われると、つい了解してしまう雰囲気となってしまいそうな優しい岐阜弁である。

～さる＝～なさる

《三八ページ参照》

〜した＝〜れた

軽い敬語。「れ」を「し」と代えるだけである。「本、買わした」「先生が言わした」

しとねる＝〜育てる

高齢者が使っているだけで、若い人はまったく知らないといっていいだろう。「しとなる」とも言う。「わっちが小さいころは、おばあちゃんにしとねてもらってねー」

しゃちやく＝世話を焼く

《三九ページ参照》

じん＝人

同等もしくは目下に対して使用する。若い人は使用していない。きつく感じる他県人もみられるようだ。「あのじん　なー、あー見えても鮎釣りが上手いんやて」

〜しんと＝〜しないと

軽い命令調で、主に日常会話で聞かれる。「はよ、しんと学校に遅刻するがね。友達も待っとるで」

すか＝はずれ

「すか」も「はずれ」も古くからある言葉であるのだが、なぜか「はずれ」が全国的になっていったようだ。あてが外れた場合に使用する。また駄菓子屋でも子供たちがよく使う。「このクジ、すかばっかやー。おばさん、ホントに当たりクジ入っとるのーッ」

～せー＝～なさい

若い人は使用していない。軽い命令調である。「ちょっと、これやってくんせー」「こちらへ、来んせー」「本読みなせー」

せんがない＝緊張感がない

「緊張感がない」とか「張り合いがない」という意味だが、若い人は使用していない。「子どもが独立したもんで、なんやら、せんがないがね」

せんとけ＝しないでおけ

若い人はあまり使用しないようだ。「今日はこの辺で終わろう。もう仕事せんとけ」

そーやて＝そうですね

《四一ページ参照》

そんなもん＝そのようなもの

言葉そのものだと普通に感じられるが、岐阜では否定したい時には強くして使用しているようだ。他県人が聞くと強烈に感じるだろう。「そんなもんッ、いややわッ。何で私がやらなあかんの？」

【タ行】

～だけやー＝～ているだけ

岐阜では言葉そのものの意味と、返事代わりの「分かっている」と同じ意味に使用している。岐阜人は素直に「はい」とは言えない人が多い⁉ 「それ取って、何やっとるの」「パソコンやってるだけやー」

だしみっともない＝みっともない（強調）

岐阜では「みっともない」も使用するが、強調したいとき使用している。頭に「ど」を付ける場合も見られる。「この服装、だしみっともないねー」「どみっともないで、服替えるわー」

だだくさ＝しまりがない、乱雑

《四二ページ参照》

だまくらかす＝だます

「だます」という共通語の間に「くらか」を加えた言葉で、いかにもだますという感じがある。しかし、本当にだますのではなく、軽いいたずら心がある時なんかに使用する。なんとなく温かみがある言葉であろう。「ん、もう。また私をだまくらかして。いやゃてー」

たも＝あみ

蝶々や魚を捕まえる柄が付いた手に持つ網のことである。古くから「たもあみ」という言葉があり、そこから「たも」となっていったのであろう。「あッ、お母ちゃん。モンシロチョウや、たも、たもッ」

〜たらー＝〜たち

複数の人を指す場合に使用する。注意する時が多いのだが。「あんたらー、あの先生、こっち見とるがねー。さっきからー。しゃべっとったらあかんでしょう。静かにしてッ」

〜たるわー＝〜てあげるわー

ちょっと世話やきの場面で使用する。「わー」を省略する場合もある。「僕が言ったる」「私が行ったるわー」

〜だわー＝〜ですッ

投げやり的な返事をするときに使用する。相手から、ちょっとあいまいな感じを受け、よい印象を与えるとはいえないだろう。「そうだわー」「行くんだわー」「これから、やろうと思ったところだわー」

たわけ＝ばか

《四三ページ参照》

たんのう＝満足

古語が方言として残ったようだ。主に高齢者が使用している。「いやー、今夜は、本当にたんのうした。鮎も美味かったし鵜飼も良かった」

ちーと＝少し

高齢者が使用している。中高年は「ちょびっと」「ちょこっと」を使用しているようだ。「もーちーと、お酒をついで」「ちーとは、ポチと散歩に行きゃー」

ちゃっと＝早く

年齢に関係なく盛んに使用しているようで、東海北陸でも使用されている。「ちゃっと、ご飯食べやー、学校に遅れるでしょう。えかッ」

ちょ＝ください、ちょうだい

究極の省略である。岐阜人は気が短いのだろうか、言葉を省略してしまったようだ。お店なんかで商品を指さして「ちょ」と言えば、これで買物はできる。「これ、ちょー」と伸ばす場合もある。中高年がよく使用している。しかし、スーパーやコンビニでは聞かれない。会話が不要だからである。

ちょーすく＝威張っている

気楽な仲間同士でよく使われている。しかし、強く言うと非難となり相手は傷つくこともありえる。「最近、ちょっと、ちょーすいて」

ちょうらかす＝からかう、ごまかす

いたずら気分の時に使用している。若い人はあまり使用していないようだ。

「ちょうらがす」ともいい、これは「子どもをあやす」という意味でも使用されており、いずれにしても東海北陸など結構広い範囲で使用されている。「また、ちょうらかして、猫が怒るて」

ちょろい＝簡単

気楽に用件を引き受けた時に使用する言葉である。「えッ、パンク？　直ぐタイヤ交換したるわー。そんなこと、ちょろいて、まかしてきゃー」

つうろく＝均衡、つりあう

物事を比較することだが、主に高齢者が使用している。「このシャツとスカート、なんかつうろくしてないわー。ねー、あんた」

つくねる＝積む、乱雑に置く

共通語では「手でこねる」だろうか。岐阜ほか各県の方言でもあるが、岐阜では、「その辺に適当に置く」というような意味で使用している。「お父さん、そんなところに、洗濯物つくねとったらあかんてー。折角、乾いとるのにシワになるがねー。ちゃんとたたみゃー」

つける＝よそう

岐阜では「漬ける」「付ける」などという共通語のほかに、「ご飯をつける」という場合も使用している。レストランなどで他県人を雇用する場合は、この「つける」という意味を説明したほうが無難だろう。

づつない＝胸焼け

頭痛が無いという意味ではない。食べ過ぎたときに使用している。「別腹というけど、ちょっとバイキングのケーキ食べ過ぎて、づつないわー」

つもい＝窮屈

主に服装関係に使用している。「きもい」ともいう。主に中高年が使用している。「この服つもなったわー」「最近、買ったばっかやけど、ズボンがつもなってまったであかんわ」

つる＝もちあげる

《四六ページ参照》

〜で＝〜だから

共通語では言葉の接続に使用しているが、岐阜では理由、原因の表現として使用しているが、言葉を入れ替えて終わりに使用している場合が多い。「あそこの喫茶店へ行こうよ。歩き疲れてしまったで。」

てーもない＝とんでもない、たいへん

あまり言葉通りの意味では使用していない。自分の場合もいうが、他人の場合は軽い出来事や失敗に対して、傍観的に口先だけで同情的に使用している場合が多い。若い人はあまり使用してない。「また、血圧上がってまったんやがね。てーもないことや。先生は痩せなあかんと言われんさったが」「えッ、お金を持たずバスに乗ってまったて？　いつー。てーもないことになってまったがね」

〜でしょー＝〜でしょう

共通語だが、他県人が聞くと、場合によっては叱られているように理解されてしまう言葉だ。語尾を強く発音するのが岐阜人の特徴で、若い人から高齢者まで頻繁に使用している。「昨日、あの先生が言っとたでしょー。試験に出るって」「あんた、高級な富有柿食べたでしょー」と使用している。時には「そうでしょー」を略して「でしょー、でしょー」と相づちにも使用している。

～でね＝～ですからねー

「ですからねー」を短縮してしまったようだ。不思議に姉妹、母娘、女友達の間で多く使われるが、相手に抗議を込めて強く言う場合もある。「ちゃんとやったでね」「言ったでね」などと言う。男性は「～でね」よりは「～やろー」を多く使うようだが、これも強い言葉で、他県人が聞いたら恐がるかもしれない。

でんち＝袖無しの綿入りのちゃんちゃんこ

《四七ページ参照》

～といて＝～ください

依頼するときに使用するが軽い命令形であろうか。対等というよりは目下に対して使用している場合が多い。しかし、ときには強制的にも聞こえる。きつい言葉である。「ちょっと、ゴミ出しといて」「明日までに、仕事終わらしといて」

どうやね＝どうですか

何かしら心なごむ言葉である。医師や看護師から優しく「今日のぐわいは、どうやね」と声をかけられると、病気も和らぐものである。高齢者は「どうやなも、明日の天気は」などと使用している場合が多い。

どえりぇ＝すごい

物や人に対して使用している。「この飛騨牛、どえりぇー、美味いでかんわー」「うちの母校、初出場で優勝してまったわー。どえりぇーこちゃー」

どこぞかんぞ＝どこか

何か尋ねられて、軽く答える場合なんかに使用している。「うちの孫かねー、今、おらんで。どこぞかんぞで遊んでいるわー」

どべ＝びり

子どもから高齢者まで使用している。岐阜のほか福井、愛知、三重、さらには関西以西の多くの県でも使用されている。また秋田、石川、富山ほか多くの県では「泥」の意味で使用しているので、岐阜人と会話するとお互いに「？」

となるかもしれない。なお陶芸の世界では、接着用の粘土を水で薄めたものを「どべ」といっているようだ。「昨日の運動会、残念やったわー、孫がどべやったで」

どぼんこ＝掘りこたつ

囲炉裏のようなものを深くして、その上に蒲団をかぶせた机を乗せたこたつ。現代のホームこたつの原形。猫とミカンが似あうが、家庭の電化によって方言とともに消滅しつつある。

どもならん＝いや、どうにもならない

「どうにもならない」から転訛したようだが、「あきらめ」とか「望まない」という意志表示よりは、明らかに否定として使っているようで、強く「どもならん！」と言う場合は完全否定、つまり「いやッ」と言うことである。高齢者が使用している。「体のために散歩しゃーって、嫁が言っとるけど、どもならん。転ぶとあかんで」

～とる＝～ている

《四九ページ参照》

〜とれー＝〜なさい

命令形で、明らかに目下や、親が子に対して使用している。ちょっときつい言葉である。「そこで、待っとれー」「先に行っとれー」「だまっとれー」

どんびき＝蛙

《五〇ページ参照》

【ナ行】

なーに＝ちがいます

「何ッ」ではない。優しく否定するときに使用する。主に高齢者が「えッ、八十歳になりんさったかて、なーに、わっちはなも、八十六歳やて」などと使用している。

なぶる＝なぜる

《五一ページ参照》

なまかわ＝怠け者

「なまかわ」も「怠け者」も古くからある言葉だが、いつしか「怠け者」が共通語になっていったようだ。飛騨の北部や富山、石川などでは「なまくら」

うちのお父さん
なまかわやで
デレーデレー
ヌルッ
ヌル
ヌル
ヌル
こんな感じ？

と言う。「自分でやってよ。なまかわしとらんと」

なも＝ですね

《五二ページ参照》

なんぎ＝困難

「難儀なことになりもうした」と、テレビの時代劇なんかで聞くが、現代ではすっかり古語となっている。岐阜のほか三重、京都あたりで使用されているようだ。岐阜では高齢者がよく使用しているが、なぜか本当に困難な場合には、あまり使用していないようである。「なんぎやは、今日は寒いで」と、挨拶替わりに言う場合もみられる。

なんちゃー＝なんですかー

私的な場面で、あまり気分の良くない返事として使用している。「なんちゃー、まんだ六時やがねー。もう少し寝かせてー」

なんやったね＝何だったでしょうか

「はーい」の返事替わりに主に高齢者が玄関先で使用している。「なんやったかね」とも言う。セールスマン相手から、ご近所関係でも使用されているが、新しくご近所に引っ越した人が「なんやったねー」を聞くと、気分を害するかもしれない。強い言葉と感じられる場合もあるからである。

なんやね＝なんですか

主に家庭内で使用している。心の中で優しく「はい」と言っているつもりだが、つい言ってしまう言葉である。他県人が聞くと夫婦喧嘩をしているのかと勘違いするかもしれない。「アナタ、なんやね。何か私に用事ッ」

〜に＝〜から、

ちょっと強調したい場合、文末に付け「ござるに」「寝とるに」と使用するが、それだけではなく何か深い意味でも感じられそうだ。「〜で」と同じような意味あいもある。「〜よ」「〜ね」のようなニュアンスもある。

にすい＝鈍感

「味がにすい」などとモノに対して言うほか、対人関係でも使用している。「貴方は、にすいわ。私のことちっとも分かってくれないのね」「あいつはにすいヤツや」

ぬくとい＝暖かい

《五三ページ参照》

寝しま＝寝る前

「寝しな」とも言う。古語そのままの方言で、まさに寝ようとするときのことである。主に高齢者が使用している。「寝しまに酒を飲む」「寝しまに電話かけて、すまんなも」

ねたくる＝ぬりつける、こすりつける

塗るというより、いかにもしつっこさが感じられる。「またパンにバターをねたくって。いやいや付けとるの。私のパンもキチンと付けて」

のける＝どける

両方とも国語辞典に掲載されているが、なぜか岐阜では盛んに使われている。「ちょっと、そこの段ボール箱のけて」

【ハ行】

はな＝当時

「花」ではない。高齢者がよく使用している。「わっちが嫁に来たはなは、なも、この辺なーんにも無かったなも。田んぼばっかりで」

ばりかく＝ひっかく

人間に関して使用されている場合が多い。いかにもバリバリとひっかく感じがでているようだ。「ほら、ここ。猫にいたずらしたもんで、腕をばりかかれてしまったんやて」

はよ＝早く

男性よりも女性、しかも母親が盛んに使用している。「はよ、しやー。バスがもうすぐ来るがねー。はよ、はよ。何やっとるのー」

ひきずり＝すき焼き

岐阜、愛知あたりしか使用していないので、全国的にはまったく分からない言葉であろう。語源は肉を引きずるように焼くとか、肉や糸コンニャクを引きずるようにして食べることからきたのではないだろうか。

ひぼ＝ひも

他県人が初めて聞くと「いぼ」と誤解しそうで、戸惑うかもしれない。

B紙＝模造紙

《五四ページ参照》

ひまざい＝費やす時間

《五九ページ参照》

ペーシ＝ページ

濁らないだけで岐阜弁となる。主に学校の先生方が使用しているので、学校用語でもあろうか。「はい、まず九ペーシ開いて」

～べた＝～側

「真ん中べた」というよりは、なぜか隅を示すときに使用するような雰囲気がある。高齢者がよく使用している。「山べたを歩くきゃー。谷に落ちたらあかんで」

へっつく＝くっつく

物や人にも使用している。「いつの間にか、あの二人、へっついてしまったんやてー」と言うと、いかにもべったりとくっついた感じとなる。「近寄る」という意味の「へつく」からきたものだろう。

へともない＝問題ではない

依頼を引き受けるとき使用する。「そんなの、へともないて、大丈夫やて」と安請け合いするのである。

へぼ＝地蜂、下手

「地蜂」のことで岐阜県東部の名産、へぼの佃煮や「へぼめし」が有名だ。また共通語の「下手」という意味でも使用している。「また、へぼ将棋してるんかねー」

～へん＝～ない、～ないか

強く言う場合は「ない」という意味で否定する時である。優しく言う場合は尋ねる時や誘う時に使用するが、本当に心温かい感じがする。「ここには来とらへんッ」「ねー、ちょっと食事にいかへん」

ほーかね＝そうですか

「ほーけ」「そーけ」とも言う。はっきりとした返事ではなく、なんとなく曖昧な意味を持っている。緊張する場面で「ほーかね」を聞くと、気が抜けるような、のどかな気分となってしまうから不思議である。主に高齢者が使用している。「奥さん、ほーかね」

ほーたがい＝閉口、往生

困って苦労したような時に使用する。「急に雪が積もってまって、ほーたがいしたんやて」

ほーやて＝そうですね

「そーやて」と同じく軽い相づちの言葉である。「ほーやて、ほーやて」

ほかる＝捨てる、投げる、置く

「捨てる」と「投げる」、それに「放置する」つまり「適当に置いておく」と幾つかの意味で使用している。すべての意味は該当しないが、岐阜、愛知のほか新潟、富山、それに愛媛、大分あたりの県でも使用されている。そこに置いてほしいという意味で、他県人に「この荷物、ほかっといて」と言ったら、本当に捨てられるかもしれない。

ほせ＝串

主に高齢者が使用している。小枝とか柴から転訛したようだが、「串カツ」「串ざし」を「ほせカツ」「ほせざし」とは言わないから不思議だ。「あッ、串カツのほせ、床に落ちとる」

ほんで何＝それで何なの

言葉本来の意味のほか、話題を変えたい時、あるいは会話の中に入りたい時に使用する便利な言葉である。また、この言葉によって話題が変わってしまう場合もあるから不思議だ。しかし、強く言った場合は、ちょっと普通でない場面である。「ほんで何ッ、文句あるッ」

【マ行】

～まい＝～ましょう、～ませんか

かつての共通語、つまり古語では「もう、言うまい」などと否定する場合に使用していたが、岐阜では誘う時に使用している。同じような意味で愛知、静岡、富山、石川など、東海北陸あたりで使用されている。「コーヒー飲みに行こまい」「明日、テニスをやろまい」

～まくった＝～してしまった

「～からかして」と同じように相手の行為に対して言う場合と、自分自身の行為についても言う。「～からかして」より強烈であろうか。「あいつは怒りまくった」「おもいきり、言いまくったった」

まぜる＝入れる（仲間に）

共通語の「混合する」するという意味のほか「仲間に入れて」という意味でも使用する。おおむね東北から関西あたりの広い範囲で使用されている。

「あッ、なわとびやっとるー。私もまぜてー」

〜まった＝〜しまった

《六一ページ参照》

まーへー＝もう

高齢者がよく使用する。「まーへー、バスの時間やで、帰るわ」

まめ＝元気

「豆」ではない。主に高齢者が使用している。公園なんかでは「まめやったかなも、よかったなも」など、のどかな場面の会話で見られる。

まわし＝準備

《六二ページ参照》

〜みー＝〜みなさい

軽い命令形で、対等か目下に「このゲームやってみー。面白いんやて」と、主に誘う場面で使用している。しかし、口調が強くなると大変である。「もう一度言ってみーッ。ふんッ、あんたなんか恐くないわッ」

みえる＝居ます

《六四ページ参照》

～みやー＝～みたらどうですか

猫の鳴声ではない。軽い提案形だろうか。「あの店、行ってみやー」「これ、やってみやー」「この猫、なでてみやー」

もーやっこ＝分ける

仲間で何かを買った場合、交換、あるいは分ける時に使用するが、なぜか二人の場合によく使用する。子供たちも「そのクッキー、もーやっこしよ。私のチョコレートも、してあげるで」と交換のかけ引きを自然に学んでいるようである。

～もんで＝～ですから、～だから

《六五ページ参照》

【ヤ行】

〜やー=〜するといいですよ、〜ください

《六六ページ参照》

やぐい=弱い、崩れ

人に対するよりも物に対して言う場合が多い。「あの小屋、やぐそうだね」

やっとかめ=ひさしぶり

高齢者がよく使用する優しい言葉である。岐阜、愛知、三重のほか、滋賀、徳島あたりでも使用するという。「やっとかめやなも。なも」

やっとこさ=ようやく、やれやれ

いかにも待ちくたびれた柔らかい感じがする。「やっとこさ、来れた」「やっところさ、原稿が書けた」

〜やて＝〜です

《六七ページ参照》

〜やで＝〜ですから

「やて」の「て」を濁らすと、まったく違う意味となってくる。さらに、なぜか会話の最後に使用している場合が多い。「今日は遅くまでバイトできるわー、明日は学校が休みやで」

やにこい＝やりにくい

脂（やに）が濃く、ねばねばしているようすから「やりにくい」という意味となったのだろうか。ちなみに「やにこい」から転訛した方言は、意味もそれぞれ異なるが全国各地に残っている。「やにこい注文で、すまんなも」

やめる＝痛む

《六八ページ参照》

やらしい＝はずかしい（遠慮）

「嫌」という意味もあるが、岐阜では誘われた時、参加はしたいのだが、礼儀として、一旦、断る時に使用する。岐阜人の遠慮深さ奥ゆかしさがよく分かる言葉である。中高年から高齢者までよく使用している。「えッ、わっちも誘ってくださるんか。えーわ、やらしいで」

～やろー＝～でしょう

子どもや高校生、若い人がよく使用している。男言葉のように感じられるが男女の区別なく使用している。弱く言うと優しく、強く言うと叱っていることとなる。女子高生なんかも同調する時に「そうやろー」を短縮した「やろー、やろー」と気楽に使用している。「あんたが昨日座ったの、ここやろー」「花瓶割ったの、お前やろーッ」

よーけ＝たくさん

「余計」から転訛したものだが、「たくさん」よりもこの言葉のほうが、量が多くあるような感じがするのである。主に東海北陸から関西以西にかけて使用されているようだ。「嫁入りの菓子、よーけ貰ったわー」

よったいな＝おかしな、ざつ、粗末

物や人に対して言うが、主にからかう時やはにかむ時に使用している場合が多い。どちらかというと高齢者が使用している。「あの人、よったいな事ばかりいって、みんなに迷惑かけているんやて」

よばれる＝招かれる、頂く

《七〇ページ参照》

【ラ行】

らしもない＝乱雑、だらしがない

「らちもない」から転訛したのだろう。「らっしもない」「もっさらこい」とも言い、人や物に対して言う。主に高齢者が使用している。「なにー、その格好は、らしもないッ」

【ワ行】

〜わー＝〜よ

子どもから高齢者まで日常的に使用している、いかにも岐阜弁らしい言葉である。しかし、他県人から強烈に強く感じてしまう場合もあるようだ。「ここに居るわー」「ちゃんと、先生に言ったるわー」

わっち＝私

《七一ページ参照》

わりかし＝比較的

だいたい中高年から高齢者あたりが使用している。「わりかた」「わりあい」とも言う。「わりかし良いね、このマンション」

【ん】

〜ん〜＝〜ん〜

岐阜弁には「ん」が割り込んだ言葉がみられる。「まんだ」「へんび」「きんのう（昨日）」と言ったりする。言葉に「ん」が入るだけで岐阜人の優しさのどかさが出てくるようだ。

共通語・岐阜弁対照表

ア行

いいかげん＝いいころかげん……78
いいですよ＝えんな……83
言う＝こく……92
〜いかれた＝〜いかした……79
いくとき＝いきしな……79
石＝いしな……80
頂く＝よばれる……70
痛む＝やめる……68
威張っている＝ちょーすく……101
居ます＝みえる……64
いや＝どもならん……107
いらいらする＝ごうがわく……92
いらっしゃった＝おりんさった……84
いらっしゃった＝おんさった……84

いらっしゃる＝ござる …… 35
入れる＝まぜる …… 121
動かす＝いざらかす …… 79
うそつき＝うそこき …… 80
薄める＝うめる …… 80
往生＝ほーたがい …… 117
おかしな＝よったいな …… 126
覚える＝おぼわる …… 84
置く＝ほかる …… 118

カ行

蛙＝どんびき …… 50
香＝かざ …… 87
掛ける＝かう …… 86

硬い＝かんかん……89
〜かしら＝〜かしゃん……87
〜かな＝〜かしゃん……87
画鋲＝がばり……88
〜から＝〜に……112
からかう＝ちょうらかす……101
〜側＝〜べた……116
簡単＝ちょろい……102
黄色＝きーない……90
きたない＝おぞい……83
きちんと＝あんばよー……78
きみ＝おまはん……84
きみ＝おんし……85
窮屈＝つもい……103

気楽＝あんき……78
均衡＝つうろく……102
緊張感がない＝せんがない……96
串＝ほせ……118
くずす＝こわす……93
ください＝ちょ……101
～ください＝～といて……105
～ください＝～やー……66
くっつく＝へっつく……116
鶏肉＝かしわ……32
けれど＝けど……91
元気＝まめ……121
黒板ふき＝黒板消し……92
こすりつける＝ねたくる……113

崩れ＝やぐい……123
こぼれる＝あかる……76
ごまかす＝ちょうらかす……101
恐い＝おそがい……84
困難＝おーじようこく……83
困難＝なんぎ……111

サ行

ざつ＝よったいな……126
ざる＝いかき……79
さようなら＝ごぶれいします……36
思案＝勘考……34
しっかり＝あんばよー……78
質が悪い＝おぞい……83

失礼します＝ごぶれいします……36
〜してしまった＝〜まくった……120
自転車＝けった……91
〜しないと＝〜しんと……95
しないでおけ＝せんとけ……97
〜しまくる＝〜からかして……89
〜しまった＝〜まった……61
しまりがない＝だだくさ……42
地味＝こーとい……92
準備＝まわし……62
食器洗い＝あらいまし……77
すき焼き＝ひきずり……115
すごい＝どえりぇ……106
少し＝ちーと……100

捨てる＝ほかる……118
隅＝くろ……90
～するといいでよ＝～やー……66
世話を焼く＝しゃちやく……39
そうですか＝ほーかね……117
そうですね＝そーやて……41
そうですね＝ほーやて……117
そうではない＝あらすか……77
育てる＝しとねる……95
袖無しの綿入りちゃんちゃんこ＝でんち……47
そのようなもの＝そんなもん……97
粗末＝よったいな……126
それで何なの＝ほんで何……118

タ行

たいへん＝あらけない……77
たいへん＝てーもない……104
～だから＝～で……103
～だから＝～もんで……65
たくさん＝よーけ……125
～たち＝～たらー……99
だます＝だまくらかす……99
駄目＝あかへん……76
だらしがない＝らしもない……127
ちがいます＝なーに……109
地蜂＝へぼ……116
ちょうだい＝ちょ……101
ちょっかい＝かまう……89

費やす時間＝ひまざい……59
つりあう＝つうろく……102
積む＝つくねる……102
〜てあげる＝〜たるわー……100
〜ている＝〜とる……49
〜ているだけ＝〜だけやー……98
〜でしょう＝〜がね……88
〜でしょう＝でしょー……104
〜でしょう＝〜やろー……125
〜です＝〜やて……67
〜ですッ＝だわー……100
〜ですか＝〜かね……88
〜ですか＝〜け……91
〜ですから＝〜もんで……65

～ですから＝～やで……124
～ですからねー＝～でね……105
ですね＝なも……52
～ですよ＝～がね……88
～ですよ＝～げー……91
ではない＝あらへん……77
～ではないか＝～かしゃん……87
当時＝はな……114
どうですか＝どうやね……106
どうにもならない＝どもならん……107
どける＝のける……113
どこか＝どこぞかんぞ……106
止める＝おく……83
鈍感＝にすい……112

とんでもない＝てーもない……104

ナ行

～ない＝～へん……117
～ないか＝～へん……117
投げる＝ほかる……118
～なさい＝～せー……96
～なさい＝～とれー……108
～なさった＝～さった……94
～なさる＝～さる……38
なぜる＝なぶる……51
怠け者＝なまかわ……109
なんですか＝なんやね……112
なんですかー＝なんちゃー……111

何だったでしょうか＝なんやったかねー……111
におい＝かざ……87
ぬりつける＝ねたくる……113
寝る前＝寝しま……113

八行

ばか＝たわけ……43
端＝くろ……90
はずかしい＝やらしい……124
はずれ＝すか……96
放つ＝こく……92
早く＝ちゃっと……101
早く＝はよ……114
比較的＝わりかし……128

皮下出血＝くろにえ……90
卑怯＝こすい……93
ひさしぶり＝やっとかめ……123
人＝じん……95
ひっかく＝ばりかく……114
ひも＝ひぼ……115
びり＝どべ……106
疲労＝えらい……31
閉口＝ほーたがい……117
ページ＝ぺーし……115
下手＝へぼ……116
掘りこたつ＝どぼんこ……107

マ行

〜ましょう＝〜まい……120
〜ませんか＝〜まい……120
まずい＝あじない……76
まぶしい＝かがはいい……86
招かれる＝よばれる……70
満足＝たんのう……100
〜みたらどうですか＝〜みゃー……122
みっともない（強調）＝だしみっともない……98
〜みなさい＝〜みー……121
胸焼け＝づつない……103
もう＝まーへー……121
模造紙＝B紙……54
もちあげる＝つる……46

問題ではない＝へともない……116

ヤ行

やりにくい＝やにこい……124
やれやれ＝やっとこさ……123
～よ＝～け……91
～よ＝～わ……128
ようやく＝やっとこさ……123
よそう＝つける……103
よそ者＝きたりびと……90
よろしいか＝えかッ……28
よろしいですよ＝えーて……82
弱い＝やぐい……123

ラ行

乱雑＝だだくさ……42
乱雑＝らしもない……127
乱雑に置く＝つくねる……102
両替＝こわす……93
～れた＝～した……95

ワ行

沸く＝あかむ……76
分ける＝もーやっこ……122
わずらわしい＝えぞくらしい……82
私＝わっち……71

ン

あとがき

岐阜県は日本における東西方言の境目といわれ、特に木曽川、長良川、揖斐川と西に進むほど関西系となっていくともいわれている。そんな岐阜弁は、また今日まで伝えられ育てられてきた文化財でもある。

本書はいわゆる方言の研究書ではない。廃れゆく方言を採集したのではなく、日常的に使用されている岐阜弁を、もっと楽しんでもらいたいと願い愛情を込め時には鋭く紹介したものである。

なお、語源や用い方などの中には勝手な推測も含んでいる。ご理解願えれば幸いである。

本書の岐阜弁の範囲は、岐阜県の岐阜、西濃、中濃あたりで日常的に使用されている言葉とした。また本書での「名古屋弁」とは、名古屋市をふくむ愛知県尾張地方の方言のことである。ご了承願いたい。

さて、本書は一九九八年に上梓した「岐阜弁やて！」を大幅に改訂、増補したものであるが、「岐阜弁やて！」の上梓以来、たった九年あまり経過しただけで、なんとなく岐阜弁が変化していったような気がする。それはしかたがないことで、方言はまさに生きており変化していくからである。しかし、高校生たちが「岐阜弁なんて使ってないいて」と言いながら岐阜弁を意識せず使用しているのは嬉しかった。このもち岐阜弁は、どのように育てられ変化していくのだろうか。

著者の意図を汲んでイラストを描いてくれた、ふるたけいこ氏と、カバーのデザインをしてくれた馬淵智美氏に感謝する。

最後に、「岐阜弁」を通じて岐阜に愛着を持たれ、より岐阜を知ってもらえたらありがたい。ご意見、ご批評などをいただけたら幸いである。

松尾　一

二〇〇七年一〇月一日

❖より岐阜弁を理解するために

— 参考にした主な文献 —

『日本国語大辞典』（小学館）
『みんなで使おっけ岐阜のことば』（山田敏弘・まつお出版）
『岐阜県方言地図』（加藤毅・岐阜県方言研究会）
『岐阜県方言の研究』（奥村三雄・大衆書房）
『岐阜弁笑景』（神田卓朗・サンメッセ）
『飛驒弁美濃弁』（岐阜新聞社）

本書は、『岐阜弁やて！』（1998年）を大幅に改訂、増補し改題したものである。また『やっぱ岐阜は名古屋の植民地⁉』（2007年）から一部転載した。

松尾　一　（まつお　いち）
1947年５月21日生まれ。
ライフワークは近世交通史、比較地域文化。
著書は『写真集・加納百年』（郷土出版社）、『岐阜県の中山道・新版』（まつお出版）、『飛騨街道紀行』（まつお出版）『やっぱ岐阜は名古屋の植民地⁉』（まつお出版）など多数。
俳誌「獅子吼」同人（号・一歩）
住所：岐阜県岐阜市加納南広江町６

◇カバーデザイン・馬淵　智美
◇イラスト・ふるた　けいこ（原案・松尾　一）

やっぱ　岐阜弁《ぎふべん》やて！

2008年１月10日　第１刷発行

著　者　松尾《まつお》　一《いち》
発行者　松尾　一
発行所　まつお出版
〒500-8415
岐阜市加納中広江町68　横山ビル
電話　058-274-9479
郵便振替　00880-7-114873
印刷所　ニホン美術印刷株式会社

※価格はカバーに表示してあります。
※落丁本、乱丁本はお取り替えします。
※無断転載、無断複写を禁じます。
ISBN978-4-944168-27-9　C0095

わっちが払うで
何やらしい事
言っとんさるの、先《せん》だってもよばれたに
たーわけたこと言っとったらかんて
おまはんにはいっつも
世話かけからかして
いーて！
かんて！
いーて！
かんて！
お会計

ありがと
おーきに、えかっ